초등학생의 진로와 직업 탐색을 위한
잡프러포즈 시리즈 25

기자는 어때?

차례

CHAPTER 01 기자 윤경민의 프러포즈

- 기자 윤경민의 프러포즈 … 10

CHAPTER 02 기자는 누구인가요?

- 기자는 누구인가요? … 15
- 기자가 하는 구체적인 일은? … 16
- 우리나라 최초의 기자는? … 22

CHAPTER 03 기자의 세계

- 취재 활동의 시작은 기록 … 27
- 사건 현장으로 출동 … 29
- 모든 기자는 '특종'을 꿈꾼다! … 30
- 보도국엔 밤이 없다 … 32
- 해외 특파원으로 파견 근무하는 기자 … 33
- 뉴스를 진행하는 앵커를 맡는 기자 … 34
- 기자의 최고봉은 보도국장 … 36

CHAPTER 04 기자가 되려면

- 기사를 읽는 습관을 길러요 … 41
- 영어는 기본 … 42
- 전공은 상관없어요 … 43
- 언론사 시험에 도전! … 44
- 솔직하고 겸손하게 자신의 의견을 말하는 게 면접 요령 … 46
- 수습기자를 거치면 나도 기자 … 48

CHAPTER 05 기자의 매력

- 세상을 바꾸는 사람들 … 53
- 공익을 추구하는 언론사의 구성원이라는 자부심 … 54
- 좀 더 안전한 세상을 만드는 기사의 힘 … 56

CHAPTER 06 기자의 마음가짐

- 😊 사건 사고가 일어나면 언제라도 바로 출동할 준비를 … 61
- 😊 부정한 청탁은 거절하는 단호함이 필요해요 … 62
- 😊 과도한 취재 경쟁으로 언론의 신뢰가 떨어질 수 있어요 … 64

CHAPTER 07 기자의 미래

- 😊 AI가 기사를 쓰는 시대에도 기자는 필요해요 … 69

CHAPTER 08 윤경민 보도국장의 업무 엿보기

- 😊 LG헬로비전 보도국장의 하루 … 75
- 😊 지역방송 기자는 지역에서 발생하는 일을 취재해 보도해요 … 76
- 😊 재난방송은 지역방송이 더 잘해요 … 78
- 😊 재난 주관방송사를 이긴 지역방송의 힘 … 80
- 😊 솔루션 저널리즘을 추구해요 … 82
- 😊 지역채널의 성장과 발전을 함께 했어요 … 84

10문 10답 Q&A

- ☺ Q1. 방송사 보도국 현장은 어떤 분위기인가요? … 89
- ☺ Q2. 한 가지 팩트로 한 시간 이상 방송을 진행한 경우도 있나요? … 90
- ☺ Q3. 단독기사를 보도할 때 조심할 것이 있나요? … 92
- ☺ Q4. 시간이 지난 후에 기사화되는 사건도 있나요? … 94
- ☺ Q5. 톱뉴스가 될 것 같은 예감이 오는 사건이 있나요? … 96
- ☺ Q6. 뉴스 방송에서 실수한 경험이 있다면? … 98
- ☺ Q7. 뉴스 보도에 문제가 생겼을 때 책임은 누가 지나요? … 100
- ☺ Q8. 기억에 남는 취재 현장이 있나요? … 102
- ☺ Q9. 기자의 연봉은 얼마인가요? … 104
- ☺ Q10. 다른 분야로 진출이 가능한가요? … 105

뉴스를 만드는 사람들

- ☺ 사진기자 … 108
- ☺ 카메라 기자 … 109
- ☺ 영상편집자와 CG 제작자 … 110
- ☺ 부조정실 사람들 … 111

나도 기자

- ☺ Case1 : 삼척 승합차 전복사고 … 114
- ☺ Case2 : 태풍 현장 중계 … 118
- ☺ Case3 : 노쇼 호날두 인터뷰 … 122

기자 윤경민의 프러포즈

안녕하세요, 윤경민입니다. 뉴스전문채널 YTN과 종합편성 채널인 채널A, 그리고 지역채널 LG헬로비전(전 CJ헬로비전)에서 기자로 활동해 왔어요. 사회부, 경제부, 국제부, 정치부 등을 두루 거쳤고, 해외 특파원 경험도 했죠. 기자이면서 동시에 뉴스와 시사프로그램의 앵커 역할도 했고요. 지금은 지역채널 뉴스 제작을 총괄하는 보도국장 역할을 맡고 있어요.

펜 한 자루와 수첩, 그리고 마이크로 세상을 바꾼다! 가능한 일일까요? 고개를 갸웃할 사람도 있겠지만 결코 불가능한 일은 아니라고 생각해요. 가난한 사람들을 비롯한 사회적 약자를 대변하는 일, 가진 자들의 부당한 '갑질'과 권력자들의 비리를 고발하는 일이 바로 기자가 하는 일 가운데 가장 중요한 일일 거예요. 그런 일을 통해 우리가 사는 사회를 올바른 방향으로 나아가도록 틀을 바꾸는 거죠. 물론 기자가 아니더라도 우리 사회를 바꾸는 직업은 또 있겠죠. 하지만 기자는 자신의 이름을 건 기사를 통해 사회의 변화를 이끌어 내는 점이 다르다고 할 수 있어요.

기자라는 직업은 '세상을 바꾸는 일', '세상을 더 정의롭게 바꾸는 일'이라고 생각해요. 더불어 기자는 세상의 다양한 사람들을 만나면서 여러 가지 분야의 일을 간접적으로 경험하는 일이기도 하고요.

　　어릴 적 "텔레비전에 내가 나왔으면 정말 좋겠네~"라는 노랫말을 흥얼거렸던 기억이 나요. 아이돌 가수나 배우와 같은 예능인 또는 유명 유튜버를 떠올릴 수도 있겠지만 기자로서 뉴스의 현장에서 TV에 얼굴을 보이는 것도 매력 넘치는 일 아닐까요? 내가 쓰는 기사 한 줄이 세상을 바꾸는 실마리가 되고, 내 이름 석 자를 건 기사가 나고, 중요한 뉴스의 현장을 배경으로 마이크를 잡은 나의 모습을 상상하며 저와 함께 기자의 세계로 떠나봅시다.

2장에서는?

우리기 매일 보는 뉴스와 기사를 만드는 기자. 수많은 일 중에 기사가 될 만한 일이나 사건에 대한 정보는 어디서 어떻게 얻는지, 기자의 역할 분담은 어떻게 이루어지는지 알아보아요.

기자는 누구인가요?

기자는 신문사·잡지사·통신사·방송사 등의 언론기관에서 취재와 편집, 평론을 담당하는 사람을 말해요. 취재를 담당하는 기자를 취재기자, 편집을 담당하는 기자를 편집기자라고 하고요. 평론은 기자가 아니라 해설위원, 논설위원이 맡아요. 영어로는 취재기자를 리포터Reporter, 편집과 평론을 담당하는 사람을 에디터Editor로 구분하고, 이 모두를 저널리스트Journalist라고 부르죠. 이 외에 전문성을 가진 사진기자와 영상기자도 있어요.

기자는 소속한 언론사의 형태에 따라 신문기자, 잡지기자, 방송기자, 통신기자, 인터넷신문 기자, 인터넷방송 기자로도 분류할 수 있어요. 또 취재 분야에 따라 정치, 경제, 문화, 스포츠, 연예, 의학 전문기자 등으로 나누기도 하죠. 우리가 흔히 기자라고 할 때는 보통 취재기자를 말해요. 그래서 이 책에서는 취재기자를 중심으로 이야기할게요.

기자가 하는 구체적인 일은?

　기자가 하는 일은 사건이나 사고 같은 특정 사안을 취재해서 보도하는 거예요. 다만 기자가 소속한 부서와 담당하는 분야에 따라 취재의 대상이 다를 수 있어요. 보통 방송사에는 보도국이 있고 신문사에는 편집국이 있어요. 보도국과 편집국은 정치부, 사회부, 경제부, 문화부, 스포츠부, 국제부, 편집부 등의 부서가 있어요. 여기서는 각 부서에 따라 기자들이 하는 일을 알아볼게요.

사회부

　사회부는 담당하는 분야에 따라 사건팀, 법조팀, 행정팀이 있고, 각 팀의 기자들은 취재를 담당하는 구역이 정해져 있어요. 사건팀은 경찰청과 서울경찰청, 수도권 지방법원이나 지방검찰청 등을 출입하며 각종 사건 사고와 민원 등 뉴스가 될만한 정보를 모아서 취재하고 기사를 쓰죠. 구청과 보건소, 병원, 학교도 사건팀 기자들이 관심을 가지고 취재하는 대상이고요.

법조팀은 서울중앙지검과 대법원, 서울중앙지방법원 등 검찰과 법원에서 나오는 정보들을 취재하는 활동을 해요. 또 법무부를 출입하면서 대한변호사협회와 같은 변호사단체들도 함께 취재하고요.

행정팀은 크게 사회 분야에 영향을 미치는 정부 부처를 맡아요. 행정자치부와 교육부, 환경부, 고용노동부, 보건복지부, 여성가족부가 기본이죠. 각 부처에서 내놓은 정책을 국민에게 알리는 일을 하는데요, 정책을 홍보만 하는 건 아니에요. 정책에 문제가 없는지 검증하고, 정책이 실제 국민에게 미치는 영향은 무엇인지 따져보고, 예산은 제대로 쓰고 있는지 감시하는 활동도 하죠.

정치부

정치부는 국회팀과 행정팀으로 나뉘어요. 국회팀은 말 그대로 국회를 담당하죠. 여기서 또 여당팀 야당팀으로 나누어 정당을 담당하고요. 여당팀 기자는 여당 당사나 국회로, 야당팀 기자는 야당 당사나 국회로 출근해서 그날의 중요한 사안을 확인하는 일부터 시작해요. 주요 정치인들이 라디오 아침 프로그램에 출연해서 하는 이야기들을 점검하고, 조간신문과 다른 방송사에 어떤 뉴스가 나갔는지도 체크하죠.

행정팀은 대통령의 일거수일투족을 지켜보며 뉴스를 전하는 대통령

실팀과 대한민국의 외교와 안보에 관한 정책을 수립해 시행하는 부처들(총리실, 통일부, 외교부, 국방부)을 맡는 외교안보팀으로 나뉘어요. 우리나라는 분단국가로서 북한과 관련한 뉴스가 쏟아져 나오는 때는 행정팀 기자들이 바쁘죠.

경제부

경제부는 대개 정책팀과 산업팀, 부동산증권팀 정도로 나뉘어요. 정책팀은 경제정책을 수립하는 정부 부처를 맡아요. 국가의 예산을 짜는 기획재정부가 가장 중요한 부서고요, 과학기술정보통신부, 농림축산식품부, 산업통상자원부, 국토교통부, 해양수산부, 그리고 공정거래위원회, 금융위원회에서 발표하는 보도자료를 토대로 정책을 알리는 역할을 해요. 역시 정책이 제대로 만들어진 건지, 또 제대로 시행되고 있는지 등을 꼼꼼히 살펴 검증하는 일도 하죠.

산업팀에서는 대개 기업들 취재를 맡아요. 삼성전자가 새로운 스마트폰을 출시했는데, 그로 인해 업계에 어떤 변화가 생기는지 등을 기사로 쓰는 거죠. 또 한국은행이 이자를 올리거나 내리는 것에 따라 은행 빚을 진 사람들이 받는 영향이 크기 때문에 뉴스가 되고요.

부동산팀, 증권팀은 아파트를 비롯한 부동산 가격의 변화나 주식 가격의 등락을 취재해요. 이런 것들이 투자자들은 물론 경기 전반에 미치는 영향이 적지 않기 때문에 기자들이 관심을 가지고 취재해 보도하는 분야예요.

문화부

문화부는 BTS가 빌보드차트를 휩쓸었다든가, 싸이의 뮤직비디오 조회 수가 기록을 세웠다든가 하는 대중문화의 움직임 등을 취재해 보도해요. 문화부 기자는 따로 출입하는 기관은 없고 분야별로 취재원들을 만나면서 취재 활동을 하죠. 예를 들어 대중음악, 공연예술, 클래식, 영화, 연극, 뮤지컬, 출판, 연예 분야 등으로 나눠서 해당 분야의 전문가 또는 배우나 매니저들을 상대로 취재 활동을 해요.

국제부

국제부 기자들은 외국 통신사를 비롯한 해외 언론사들의 기사를 보면서 굵직한 기사들을 골라 그걸 번역해 국내 시청자나 독자들에게 전달하는 일을 해요. 당연히 국내에서 취재 활동을 할 일은 없어요. 하지만 2001년 미국에서 발생했던 9.11 테러처럼 대형 사고가 발생하면 국제부는 숨가쁘게 돌아가요. 사건이 발생한 현장의 모습을 보여주며 언제 어디서 어떤 일이 일어났는지 우선 전해야 하고, 누가 무슨 목적으로 그런 테러를 저질렀는지 분석해야 해요. 그리고 그에 대한 미국 정부의 대응은 물론이고 전 세계 반응도 전해야 하고요. 이처럼 초대형 뉴스는 몇 달 동안 관련 기사가 쏟아지기 때문에 기자들이 긴장의 끈을 놓지 않고 스토리를 잘 챙겨야 하죠. 이렇게 큰 사건 말고도 일왕의 퇴위식과 새로운 천왕의 즉위식, 영국 황태자의 결혼식과 같은 소식도 국제부 기자들이 다루고 있어요. 물론 해외에 파견돼 현지에서 취재 활동을 하는 특파원들은 모두 국제부 소속이에요.

스포츠부

스포츠에 관한 뉴스를 맡은 기자들은 프로야구나 프로축구, 농구와 같이 인기 종목의 경기를 중심으로 취재해 경기에서 있었던 특이사항이나 결과를 전달하는 일을 해요. 사람들이 스포츠에 관심이 많기 때문에 지상파 뉴스는 후반부에 스포츠 뉴스 코너를 따로 구성해요. 평소에 스포츠부 기자들은 야구, 축구, 농구 등 종목별로 담당을 맡아 취재 활동을 하고 올림픽경기나 월드컵경기가 열리면 특별취재팀을 꾸려서 개최국에 파견돼요. 이때 경기 결과는 물론 경기장 인근에서 벌어지는 각종 행사나 특이한 움직임도 뉴스의 소재가 되죠.

2011년 3.11 동일본 대지진 당시 현장 취재

 ## 우리나라 최초의 기자는?

기자라는 직업이 우리나라에 생겨난 것은 신문이 창간되면서예요. 1883년 10월에 창간된 《한성순보》가 우리나라 최초의 근대 신문으로, 이 신문의 기사를 썼던 유길준을 최초의 기자로 보고 있어요. 이후 1898년에 최초의 일간지 《매일신문》을 시작으로 여러 신문과 잡지가 창간되면서 기자라는 직업이 자리매김하게 되었죠. 처음에는 남자들만 있었는데, 1924년 최은희가 조선일보사에 채용된 것을 시작으로 여성 기자들도 생겼어요.

기자는 사건이나 사고 같은 특정 사안을
취재해 보도하는 사람이에요.
우리 사회에서 일어나는 중요한 일들을
취재하고 보도하는 것으로
더 좋은 세상, 더 정의로운 세상을
만드는 일에 앞장서고 있답니다.

3장에서는?

기사가 될만한 현장엔 언제나 기자가 있어요. 기자 수첩에 기록하고 녹음도 하며 열심히 취재 활동을 하는 기자는 특종 기사를 내는 꿈을 꾼다고 해요. 기자에게 특종은 어떤 의미인지, 또 다른 기자의 역할은 무엇이 있는지 알아보아요.

취재 활동의 시작은 기록

대부분의 기자는 취재 활동을 하면서 아주 사소한 것도 꼼꼼히 기록해 놓는 버릇이 있어요. 언론사마다 자체 취재 수첩을 만들어 기자들에게 나눠주기도 하고, 출입처에서 제작해 출입 기자들에게 나눠주는 경우도 있어요. 가장 인상 깊은 취재 수첩은 통일부에서 나눠줬던 수첩인데, 표지에 '한 줄의 힘'이라고 쓰여 있었어요. 기사 한 줄의 힘이 얼마나 큰지 늘 그 수첩을 보면서 마음에 새기곤 했죠.

'펜은 칼보다 강하다(The pen is mightier than the sword)'라는 말이 있듯이 기자가 쓰는 기사의 힘이 얼마나 강한지, 잘못 쓰면 독이 되고 잘 쓰면 약이라는 것을 늘 인식하게 해 준 수첩이에요. 그런데 요즘은 취재 수첩이 예전만큼 애용되지는 않는 것 같아요. 뉴스에 기자들이 노트북을 펼쳐놓고 받아쓰는 모습에서 볼 수 있듯이 노트북이 수첩을 대신하고 있어요.

기자는 녹음도 열심히 해요. 요즘엔 스마트폰에 녹음 기능이 있어서 사라졌지만, 예전에는 기자들이 가지고 다녀야 할 필수품에 녹음기가 있었어요. 외국의 주요 인사가 외교부 청사의 문을 나서거나 공항에서 출국할 때 기자들이 몰려가 질문을 하고 답변을 듣는 약식 기자회견이 열려요. 이걸 도어스탭(Doorstep)이라고 하는데, 이때 기자들이 그 인사를 에워싸고 스마트폰을 갖다 대는 모습을 본 적 있을 거예요. 녹음기만 있을 때는 녹음한 내용을 영어를 잘하는 기자들이 받아쓴 것을 활용했는데, 요즘엔 스마트폰으로 녹음하면 바로 글자로 변환되는 앱을 쓰고 영어는 번역프로그램으로 우리말로 바꾸죠.

사건 현장으로 출동

　기사가 될 만한 사건의 현장에 기자가 직접 가서 취재하는 것은 기자의 기본적인 임무예요. 교통사고 현장, 살인사건 현장을 비롯해 시위와 집회의 현장 등 사건이 있는 곳은 어디나 기자의 취재 현장이죠. 특히나 큰 화재나 폭우, 지진과 같은 자연재해나 건물 붕괴 같은 사고가 나면 기자는 늦은 밤이나 주말에도 사고 현장으로 달려가요. 태풍이 한반도에 상륙할 때는 파도가 높은 바닷가에서, 강풍이 불어 간판이 뜯겨나가고 가로수가 뿌리째 뽑힌 도로에서, 지진으로 무너진 건물 더미에서, 불타고 있는 화재 현장 등에서 취재하고 중계하는 일이 기자의 할 일이죠. 이런 현장에서 취재 활동을 할 때는 혹시 모를 위험에 대비해 안전모를 쓰고 구명조끼를 입는 등 기본적인 안전 장비를 갖추고 취재해요.

모든 기자는 '특종'을 꿈꾼다!

특종은 많은 언론사 또는 많은 기자 중에 특정 언론사 또는 특정 기자만 취재해서 보도한 기사를 말해요. '단독 보도'(또는 단독 기사)라는 말도 있는데, 다른 사람들이 취재하지 못한 내용을 나만 취재해서 보도할 경우 '단독 보도'라고 하고, 그 기사가 뛰어난 가치를 가질 때 이를 '특종 기사' '특종 보도'라고 해요. 예를 들어 JTBC의 최순실 태블릿 PC 보도의 경우가 대표적인 특종이라고 할 수 있죠.

특종을 한다는 것은 짜릿한 일이에요. 언론사 간의 치열한 경쟁 속에서 다른 기자가 모르는 내용을 취재해 보도하고 그 기사가 파장을 일으키고, 나아가 세상을 바꾸는 실마리가 된다면 더할 나위 없겠죠. 기자라면 누구나 그런 특종을 꿈꾸죠. 하지만 쉽지 않은 일이에요. 특종을 하려면 끊임없이 노력하는 한편, 정보가 있는 곳에 취재원을 확보하면 좋아요. 취재원들과 자주 만나 친분을 쌓고 신뢰 관계를 쌓다 보면 우연히 특종의 기회가 생기는 경우도 있거든요.

보즈워스 미 국무부 대북특별 대표 방한 당시의 도어스탭
(오른쪽이 저자 윤경민)

취재 수첩

보도국엔 밤이 없다

사건이란 게 낮에만 터지는 게 아니라서 방송국 보도국은 24시간 쉼없이 돌아가요. 그리고 방송은 아침부터 뉴스를 해야 하고 보도 채널은 24시간 뉴스를 하기 때문에 사실 기자들은 밤낮이 따로 없어요.

국회에서 밤늦게까지 중요한 법안이나 예산안 심사가 벌어져 결과가 새벽에 나오기도 하고, 우리와 시차가 나는 태평양 건너 워싱턴에서 한미정상회담이 개최되고 공동기자회견이 열리면 한밤중이나 새벽에 방송해야 하는 경우도 있거든요. 그렇기 때문에 언론사 기자들은 일반 직장인처럼 정시 출퇴근, 주 5일 근무제를 잘 지킬 수는 없어요. 그렇다고 걱정은 하지 말아요. 기자들도 주 52시간제 근로기준법을 적용받기 때문에 한밤중이나 휴일에 근무했다면 대체휴가를 사용할 수 있으니까요.

해외 특파원으로 파견 근무하는 기자

특파원이란 해외에 살면서 그 나라 또는 그 지역에서 발생하는 뉴스를 전하는 기자를 말해요. 국내 언론사의 경우 한국과 중요한 관계인 나라에 특파원을 두고 있어요. 대체로 워싱턴, 뉴욕, 베이징, 도쿄에 특파원을 두고 그 외에 런던, 파리, 방콕, 뭄바이에 특파원을 두는 언론사도 있고요. 특파원을 가장 많이 보낸 언론사는 국가기관 통신사인 연합뉴스예요. 연합뉴스는 언론사에 기사를 제공하는 역할을 하기 때문에 생산하는 기사의 양이 워낙 많아요. 그래서 국내뿐 아니라 지구촌 곳곳에서 발생하는 뉴스를 현지에서 취재해 보도하는 특파원도 많죠.

특파원이 되면 가족과 함께 파견된 도시에서 살면서 외국의 문화를 경험할 수 있고, 국내보다 자유롭게 취재할 수 있다는 장점이 있죠. 대신에 한 두 명의 특파원이 해당 국가나 지역을 전부 취재해야 하는 단점도 있어요.

뉴스를 진행하는 앵커를 맡는 기자

앵커란 원래 닻을 말해요. 큰 배가 정박할 때 물에 이리저리 흘러 다니지 않도록 중심을 잡아주는 닻 말이죠. 뉴스 앵커도 흔들리지 않게 중심을 잡아 공정하고 균형감 있게 뉴스를 전달해야 한다는 의미에서 붙여진 말이에요.

기자든 아나운서든 앵커가 되려면 표준어와 더불어 바른 말 고운 말을 쓸 줄 알아야 하고, 편안하고 신뢰감을 주는 외모여야 하고, 긴급한 생방송을 매끄럽게 진행할 수 있는 역량을 갖춰야 해요.

지상파 방송의 주요 시간대 뉴스의 남자 앵커는 대부분 기자가 맡아요. YTN 앵커도 절반 이상이 기자예요. 아나운서들은 전달력은 좋은데 취재 경험이 없는 점이 약점으로 꼽히거든요. 앵커가 겉보기엔 매우 화려하지만, 꼭 그렇지도 않아요. 뉴스 시작 1분 전까지 기사들을 꼼꼼히 살펴봐야 하고, 어떻게 더 잘 전달할까 고민해야 해요. 갑자기

긴급뉴스가 들어오면 아무런 정보가 없는 상태에서 방송을 끌어가야 하죠.

　예를 들어 화재 현장의 긴박한 상황을 뉴스로 방송한다고 해 봐요. 앵커는 현장 인근에서 화재를 목격한 시청자를 연결해 인터뷰하면서 시청자들이 궁금할 만한 내용으로 매끄럽게 질문을 이어가야 해요. 화재가 언제 났는지, 연기는 얼마나 나고 있는지, 어느 방향으로 흘러가고 있는지, 인명피해는 있는지, 인근 주민들이 대피하고 있는지, 현재 소방관들은 뭘 하고 있는지 등 끊임없이 중요한 정보를 이끌어내야 해요. 그런데 일반 시민들은 질문에 '네, 아니오'와 같이 단답형으로 답할 때가 많아요. 대답하는 사람이 짧게 답하지 않고 서술형으로 답할 수 있도록 질문하는 것도 앵커의 역할이죠.

기자의 최고봉은 보도국장

　방송사의 보도국장은 기자들을 총지휘하면서 뉴스 제작의 책임을 지는 역할을 해요. 신문에서는 편집국장이라고 하고요. 보도국장이 하는 가장 기본적인 일은 뉴스 아이템 선정이에요. 그날그날의 뉴스를 어떤 소재로 구성할 것인가, 어떤 기획 기사를 시청자들에게 선사할 것인가, 선택과 결정을 하는 일이 무엇보다 중요해요.

　방송국마다 약간씩 차이가 있는데 보통 보도국은 부서장들이 모여 아침 회의, 오후 회의, 저녁 회의, 이렇게 3번 하는 게 기본이에요. 회의에서는 부서장들이 제안하는 기사 중에 방송할 뉴스와 뉴스 순서를 정해요. 시간이 지남에 따라 새로운 뉴스가 발생하기 때문에 회의마다 새 뉴스를 추가하고 약한 기사를 빼는 작업을 해요. 보도국장은 회의를 주재하며 뉴스를 제작하는 방식에 대해서 지시하고, 순서를 짜는 데도 의견을 주는 등 매일 발생하는 뉴스에 대한 가치판단을 내리는 역할을 하죠.

펜과 취재 수첩을 손에 쥐고
사건 현장으로 출동하는 기자는 누구나 특종을 꿈꿔요.
내가 취재해 보도한 기사가 파장을
일으키고 나아가 세상을 바꾸는 실마리가 된다면
더할 나위 없는 일이겠죠.
그날을 위해 기자는 오늘도 최선을 다한답니다.

4장에서는?

기사가 되는 방법을 알아보는 시간! 언론사의 시험은 어렵기로 유명해요. 시험에 합격해 기자가 되려면 어려서부터 어떤 준비를 하는 게 좋은지 입사 선배의 이야기를 들어보아요.

기사를 읽는 습관을 길러요

　기자가 되려면 시사상식을 갖추는 게 중요해요. 평소에 뉴스를 많이 보고 신문 기사를 많이 읽는 것이 도움이 돼요. 세상이 어떻게 돌아가는지 파악할 수 있고, 기사에 등장하는 낯선 용어들을 조금씩 익히면 어휘력도 풍부해지고 그만큼 상식도 늘게 돼요.

　매일 뉴스를 다 볼 필요는 없어요. 인터넷 포털사이트나 자신이 마음에 드는 언론사 홈페이지에 들어가서 주요 뉴스 가운데 1~2개 정도 골라서 보세요. 일주일에 2~3일 정도 꾸준히 보다 보면 자신도 모르는 사이에 시사상식이 늘 거예요.

　언론사 시험을 준비하는 대학생들은 아예 시사상식 책으로 공부하기도 해요. 하지만 몇 달 동안 벼락치기 공부하듯 하는 것보다는 평소에 기사에 관심을 두고 조금씩 읽으면서 필요하면 스크랩해뒀다가 주말에 다시 꺼내 보는 방식이 더 도움이 될 것 같아요.

영어는 기본

 기자가 된다고 해서 반드시 영어를 사용하는 것은 아니지만 영어는 기본이에요. 영어를 쓸 일도 가끔 있고, 특히 국제부에 가면 영어로 된 기사를 읽어야 해요. CNN 뉴스도 봐야 하고요. 완벽하게 할 필요는 없지만 대략 무슨 뜻인지 알아야 해요. 그래야 실수 없이 신속하게 관련 기사를 쓸 수 있으니까요. 또 외국인과 인터뷰할 일도 있죠.

 영어 관련 에피소드가 있어요. 신입 기자 시절에 국제부에서 근무할 때 일이에요. 야근하는 날이었는데 영국에서 'foot-and-mouth disease'가 발생해 돼지 수만 마리가 죽었다는 기사가 AP 통신으로 들어왔어요. 그래서 이 병이 뭘까 생각하다가 수족구병이 떠올랐어요. 발-입-병이니까 손 수(手) 자에 발 족(足), 입 구(口), 병 병(病)자를 쓰는 수족구병이 떠오른 거죠. 근데 왜 수족구병으로 돼지가 죽지? 하는 생각에 사전을 찾아봤죠. 그랬더니 '구제역'이라고 나오더라고요.^^

전공은 상관없어요

 기자가 되려면 신문방송학과를 나와야 한다고 오해하기 쉽지만 아니에요. 물론 기자 중에 신문방송학과를 나온 사람들도 있긴 하지만 적은 수에 불과해요. 기자들의 대학 전공은 다양해요. 국문과, 영문과도 있고, 이란어를 전공한 사람도 있고요. 어학 전공자 외에도 정치외교학과, 철학과, 종교학과 출신도 있죠. 대부분 문과 출신이 많고 공대나 이과대 출신이 드문 건 사실이에요. 그렇다고 없는 건 아니에요. 동아사이언스와 같이 과학 전문 잡지나 전문지에는 물리학과나 화학과 출신의 전공자들이 있죠. 이공계 전공자는 이렇게 전공을 살려서 전문 언론사의 기자가 되는 방법도 있어요.

언론사 시험에 도전!

　언론사 시험은 보통 4단계로 진행돼요. 1차 서류 전형에는 최종 학력과 학점, 공인어학성적, 한국어능력시험성적, 자기소개서 등의 서류가 필요해요. 공인어학성적의 경우 언론사에 따라 토익, 토플, 텝스 등 제출하는 어학 시험을 확인해야 하고요. 2차 필기시험 과목은 언론사마다 조금씩 달라요. 논술과 작문은 모든 언론사의 공통 과목이지만, 언론사에 따라 객관식 상식 시험을 보거나 객관식 직무적성평가를 보는 곳도 있어요. 3차 실무 전형은 기사 작성 시험, 토론, 카메라 테스트 등이 있어요. 어떤 언론사는 합숙하며 토론하고 기사를 작성하는 시험을 치르기도 해요. 또 방송 기자의 경우 카메라 테스트도 중요한데요. 이때 사투리를 쓰지 않고 정확한 발음으로 높은 톤을 유지하며 기사를 읽어야 해요. 3차까지 합격했다면 마지막으로 4차 면접 시험이 남았답니다.

기자가 되고 싶다고요? 그럼 매일 뉴스를 보고
신문 기사를 읽는 습관을 들여보세요.
시사상식이 풍부해지고 어휘력이 늘 거예요.
대학에서 어떤 전공을 하든 상관없지만
영어 실력은 꼭 갖춰야 한다는 사실은 잊지 말고요.

솔직하고 겸손하게 자신의 의견을 말하는 게 면접 요령

　면접에 올랐다면 기자의 꿈에 가까워진 거예요. 그럼 면접을 잘 보는 비결을 이야기해 줄게요. 첫째, 면접관의 질문에 논리적으로 대답해야 해요. 너무 긴장해서 말을 버벅거리거나 조리 있게 못 하고 두서없이 늘어놓는 것도 감점 요인이에요. 특히 방송기자의 경우 실제 취재 현장에서 중계를 하거나 스튜디오에 출연해 자신이 취재한 내용에 대해 설명해야 하는데 너무 긴장해서 떨리는 음성으로 말하거나, 말을 제대로 잇지 못하거나, 논리적으로 이야기하지 못하면 안 되기 때문이에요.

　둘째, 솔직하게 답해야 해요. 자신의 생각을 있는 그대로 솔직하게 이야기해야지, 거짓말을 했다가는 거짓말이 또 다른 거짓말을 낳고 그러다가 꼬리가 잡히기 십상이죠. 제가 처음 언론사 면접을 볼 때 함께 응시했던 옆 사람이 이런 질문을 받았어요. "가장 인상 깊게 읽은 책이 무엇인가요?" 그 응시생은 잠시 머뭇거리더니 "카라마조프의 형제

들입니다"라고 답했어요. 그랬더니 면접관이 "아, 도스토옙스키의 그 책, 나도 옛날에 읽었었는데, 그 형제 가운데 누가 가장 마음에 들던가요?"하고 후속 질문을 내놓는 거예요. 그러자 응시생은 또 머뭇거리더니 "아~, 그게 하도 오래되어서 기억이 잘 나지 않습니다. 죄송합니다."라고 답했어요. 그 사람이 그 책을 실제로 읽었는지 안 읽었는지 믿을 수 없는 답변이었던 거예요. 꼭 그 이유 때문인지는 몰라도 그 응시생은 낙방했어요.

셋째, 자신 있게, 그러나 겸손하게 이야기하는 태도가 중요해요. 면접관의 질문에 자신감 없이 기어들어 가는 목소리로 답하면 벌써 면접관은 마이너스 점수를 줘요. 면접관 귀에 쏙쏙 들어가게 약간 높은 톤으로 또박또박 자신감 있게 이야기해야 해요. 그렇지만 너무 자신감을 강조한 나머지 건방지게 느껴질 정도로 하면 곤란하죠. 말투는 자신감 있게, 이야기의 내용 또한 자신감을 드러내면서도 겸손하게 자신을 살짝 낮추는 식으로 말하는 것을 면접관들은 좋아해요.

수습기자를 거치면 나도 기자

    기자 시험에 최종 합격을 하면 대부분의 언론사는 보통 6개월의 수습 기간이 있어요. 이 기간 동안에는 취재하는 요령, 기사 쓰는 요령, 방송에 참여하는 요령 등 기초적인 것을 배워요.

    처음엔 대부분 사회부에서 일을 배우는데요, 새벽에 경찰서 몇 군데를 돌면서 사건을 수집해 선배에게 보고해요. 연립주택에 좀도둑이 든 사건, 편의점에 복면강도가 든 사건, 신축 건물 공사장에서 용접 불꽃이 튀어 불이 나 1억 원의 재산 피해가 난 화재사고 등을 파악해서 보고하는 거예요.

    보고는 팩트(fact, 사건·사고의 개요)를 설명하는 형식으로 하는데, 시간이 지나면서 그것을 기사로 쓰는 훈련을 하기 시작해요. 육하원칙에 따라 누가 언제 어디서 무엇을 어떻게 했다는 형식으로 팩트 중심으로 쓰는 거죠. 이런 과정을 거치며 정식 기자가 되는 거죠.

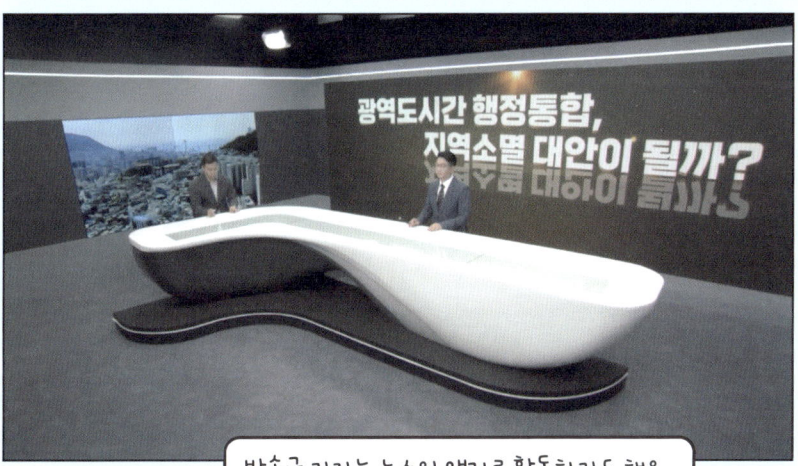

방송국 기자는 뉴스의 앵커로 활동하기도 해요. 취재의 경험을 살려 뉴스를 더 진실하게 전달할 수 있으니까요.

5장에서는?

기자라는 직업에는 어떤 매력이 있길래 많은 사람이 기자의 꿈을 꾸는 걸까요? 30년 동안 기자로 일해온 윤경민 보도국장이 경험자만이 알 수 있는 기자의 진짜 매력을 들려줍니다.

세상을 바꾸는 사람들

저는 기자를 '세상을 바꾸는 사람들'이라고 말해요. 어떻게 세상을 바꾸냐고요? 혹시 '촛불 혁명'을 알고 있나요? 2017년 대한민국 역사상 최초로 대통령이 자리에서 물러나는 탄핵사태가 있었어요. 2016년 10월부터 2017년 4월까지 열린 촛불 시위가 만들어낸 혁명이었죠. 어떻게 이런 엄청난 일이 일어날 수 있었을까요? 만일 최순실의 태블릿 PC가 보도되지 않았더라면 가능했을까요? 언론사들이 최순실 국정농단 사태와 관련해 앞다퉈 보도하지 않았더라면 과연 촛불 혁명이 일어났을까요? 광화문광장을 비롯해 전국을 뜨겁게 달궜던 촛불 시위, 시민들의 열망을 전달한 기자들이 없었다면 역사의 물줄기가 바뀌는 일은 아마 없었을지도 몰라요. 바로 기자의 기사가 세상을 바꿔놓은 사례죠. 이 밖에도 기자가 쓴 기사로 인해 세상이 바뀐 사례는 이루 셀 수 없이 많답니다.

공익을 추구하는
언론사의 구성원이라는 자부심

언론사는 일반적으로 이윤을 추구하는 기업과 달리 공익을 추구해요. 물론 신문사와 방송사도 직원들 월급을 줘야 하므로 이익을 내기 위해 광고 판매를 해요. 하지만 기자들은 자신이 맡은 분야에서 취재하고 기사를 쓰는 것을 직업으로 하는 만큼 이 일이 공공의 이익이 되도록 한다는 신념이 있어요. 언론사의 이익을 위해 여론을 형성하거나 광고를 따기 위해 특정 회사를 홍보해주는 기사를 내는 언론사가 있기는 하지만 이건 물론 바람직한 언론사, 언론인의 모습은 아니에요.

기자의 취재 활동과 보도 활동은 기본적으로 공익을 위한 것이에요. 대중에게 알릴만한 가치가 있다고 판단되는 사안을 취재해 있는 그대로, 또는 분석과 해설, 전망을 덧붙여서 그 정보를 필요로 하는 이들에게 전달하는 것이 기자의 책임감 있는 자세고요. 그래서 기자는 사회에 이익이 되는 일을 한다는 자부심을 가지고 있어요.

취재한 내용을 분석하고, 해설과 전망을 덧붙여 사람들에게 전달하는 것이 책임감 있는 기자의 자세랍니다~

좀 더 안전한 세상을 만드는 기사의 힘

기자는 사실을 전달하는 것만으로 세상을 바꿀 수 있어요. 예를 들어 어느 전통시장이 화재에 취약하다는 점을 집중취재해 보도했을 경우를 볼까요. 먼저 시장 주변 골목에 불법 주차 차량이 많다는 문제를 지적해요. 또 상점 주인들이 물건을 도로에 쌓아놓아 소방차가 진입하기 어렵다는 것과, 시장에 제대로 된 소화전이 없고 소화기조차 비치돼 있지 않다는 사실도 전해요. 화재 발생 시 진압이 어려운 구조라는 점을 비판하고, 소방 당국의 점검이 필요하다고 지적하죠.

그러면 대체로 관할 행정당국은 이런 문제점을 개선하기 위해 바로 불법 주차 단속을 강화하겠죠. 또 도로에 물건을 쌓아놓지 않도록 상인들을 설득하고, 소화전 설비와 소화기 비치 등 필요한 조치를 하겠지요. 그렇게 하면 불이 났을 때 초기에 대응을 잘해서 큰불로 번지는 것을 막을 수 있을 거고요. 결국 기자가 취재해서 쓴 기사가 전통시장의 화재 예방 조치를 튼튼하게 만들게 되는 셈이죠.

좀 더 안전한 세상을 꿈꾸는 사람들!
정의로운 세상을 만들기 위해 실천하는 사람들!
이게 바로 말과 글로 세상을 바꾸는 사람들,
기자의 매력이 아닐까요?

6장에서는?

어떤 일이든 때로는 힘든 일이 닥쳐와요. 기지리는 직업은 어떤 어려움이 있고, 그런 어려움을 이겨내는 방법은 무엇인지 알아보아요.

사건 사고가 일어나면
언제라도 바로 출동할 준비를

사건 사고가 일어나는 시간은 정해져 있지 않아요. 그래서 기자는 항상 대기하고 있죠. 큰 화재나 폭우, 지진과 같은 자연재해나 건물 붕괴 같은 사고가 나면 주말과 휴일에도 바로 현장으로 달려가야 해요.

그런 점에서 기자라는 직업은 기본적으로 정시 출퇴근이 보장되는 직업은 아니에요. 그럼 사생활을 포기해야 하냐고요? 그런 걱정을 할 필요는 없어요. 기자도 주 52시간제 근로기준법을 적용받기 때문이에요. 큰 뉴스가 발생해서 평일 한밤중이나 휴일에 일했다면 나중에 대체 휴가를 사용할 수 있어요.

부정한 청탁은 거절하는 단호함이 필요해요

기자도 김영란법의 적용을 받아요. 김영란법은 '부정청탁 및 금품 등 수수의 금지에 관한 법률'로 공직자가 부정한 청탁이나 뇌물, 과도한 접대를 받지 못하도록 하는 법이에요. 원래는 공직자만 이 법의 적용 대상이었는데, 여기에 언론인과 사립학교 교직원까지 포함되었죠.

기자들이 김영란법의 적용을 받게 된 건 이른바 '촌지' 문화가 2000년대 초까지 있었기 때문이에요. 취재원이 기사 잘 써달라고 기자에게 주는 '돈 봉투'가 촌지예요. 본인 또는 본인이 소속된 정부 부처나 회사와 관련한 기사를 잘 써달라는 청탁이었던 거죠.

하지만 김영란법 시행 이후 촌지와 접대는 큰 폭으로 줄어든 건 사실이에요. 그만큼 언론문화도 투명해지고 있다는 긍정적인 변화라 할 수 있죠. 어린이 여러분이 기자가 될 즈음에는 "촌지가 뭐였지?"라고 옛날이야기처럼 할 수 있을 거예요.

기자는 '팩트 체크'를 하지 않고 보도하거나,
취재하며 인권을 침해하는 일은 하지 않도록 주의해야 해요.
그리고 부당한 청탁을 받았을 때 단호히 거절해야 하고요.
이렇게 언론의 신뢰를 지키는 것도 기자가 할 일이랍니다.

과도한 취재 경쟁으로 언론의 신뢰가 떨어질 수 있어요

2014년 304명의 희생자를 낸 세월호 침몰 참사가 벌어졌을 때 이야기예요. 참사 당일 많은 언론사가 당국의 "전원 구조" 발표만 믿고 보도했다가 뭇매를 맞았죠. 정부 기관의 발표를 검증 없이 그대로 전달하는 병소 언론의 행태가 '보도 참사'를 낳았던 거예요. 또 일부 기자들이 가까스로 구조돼 뭍으로 나온 학생들을 붙들고 친구들이 사망한 사실을 알고 있느냐, 심경이 어떠냐는 등의 질문을 쏟아내자 비난이 빗발쳤어요. 충격에 빠진 학생들에게 친구를 잃은 심경이 어떠냐고 묻는 것 자체가 살아남은 학생들의 마음을 얼마나 아프게 하는지 전혀 생각하지 않은 질문이었던 거죠. 기자들이 특종 경쟁에 빠져 학생들의 인권은 아랑곳하지 않았던 언론과 기자들에 대한 사회적 비판이 그만큼 거셌어요.

이뿐만 아니라 당시 개국한 지 몇 년 안 되는 종편 채널을 중심으로 과열 경쟁이 일어나면서 세월호를 운영하던 선박회사 소유주 유병언

일가를 추격하는 일도 있었죠. 어떤 종편 채널은 유병언의 장남이 오피스텔에서 뼈 없는 치킨을 배달시켜 먹었다는 내용까지 보도했다가 도대체 도피 중인 용의자가 뭘 먹었는지가 왜 중요하냐는 거센 비판도 받았어요. 그때 기자와 쓰레기라는 단어가 합쳐진 '기레기'라는 말이 처음 등장했어요. 이 말이 널리 퍼져가면서 언론의 신뢰는 바닥으로 떨어졌죠.

이 사건을 계기로 많은 기자와 언론사가 반성하기 시작했어요. 정부나 정부 기관이 발표하는 보도 자료에 오류가 없는지 '팩트 체크'를 철저히 하게 된 거예요. 또 대형 재난 발생 시 피해를 본 사람과 유가족들에게 상처가 될만한 질문을 하지 않는 등의 취재 수칙이 생겨나기도 했어요. 기사를 쓸 때 신중하게 써야 한다는 점도 다시 일깨워 준 사건이었죠.

7장에서는?

인공지능 기술의 빌전으로 미래에는 기자가 사라질 거라는 이야기가 있어요. 지금 그 답을 들어보아요.

AI가 기사를 쓰는 시대에도 기자는 필요해요

4차 산업혁명이 진행되면서 인공지능이 주목받고 있어요. 특히 AI가 수많은 사람의 직업을 대신할 거라는 전망 때문에 다 실업자 되는 것 아니냐는 걱정도 많이들 하더군요. 소설도 AI가 쓰고, 작곡도 AI가 하는 시대잖아요. 이쯤 되면 기사도 AI가 쓸 수 있다는 말이 나오죠. 실제로 스포츠 경기 결과에 대한 기사를 놓고 진짜 기자와 AI가 쓴 기사를 보여주고 물었더니 AI가 쓴 기사가 진짜 기사 같다는 응답이 더 많았을 뿐 아니라 더 잘 쓴 기사라는 답이 많아서 기자 사회에 충격을 주었죠.

일부 인터넷 매체는 이미 AI를 활용해 기사를 작성하고 있어요. 주로 주식 가격의 등락을 다룬 기사로, 사람이 일정한 데이터를 입력하면 그것을 토대로 일정한 형식에 따라 AI가 자동적으로 기사를 쓰는 시스템이죠. AI가 과거 사람이 썼던 증권 관련 기사 수만 건을 딥러닝 해서 익혔기 때문에 가능한 일이에요. 스포츠 기사도 마찬가지로 몇 가지 숫자와 팩트만 사람이 입력하면 자동으로 과거 비슷한 경기의 스타일을 찾아내 기사를 생산하는 게 가능하고요.

 우리는 이미 AI 기사 작성 시대에 와 있어요. 그러나 기자들의 자리를 완전히 메꾸지는 못하고 있어요. 정치 기사나 사건 기사를 보면 어느 누가 어디서 뭐라고 말했고, 그 말의 의미는 무엇이고, 그 말이 어떤 영향을 미쳤고, 상대 측의 반응은 어떻게 예상되는지 팩트를 전달하고 난 후 분석도 하고 전망도 내놓아야 하는데 AI가 못하기 때문이에요. 미래에는 그런 일이 가능할 수도 있겠지만 그건 아무도 알 수 없어요.

 기술의 발전 속도가 상상을 초월할 만큼 빠른 건 사실이에요. 그렇다고 앞으로 모든 일은 AI가 대체할 테니 인간이 할 일은 없다, 그러니 준비할 게 없다. 이렇게 대응할 수는 없는 일이죠. 변화가 오면 그때 변화에 맞춰 적응하는 게 인간이니까요. AI가 기사 작성을 대신하는 시대가 오더라도 취재 자체는 여전히 인간이 해야 하는 일이니 기자라는 직업이 없어지지는 않을 것 같아요. 그러니 기자는 여전히 도전해볼 만한 직업이라고 저는 확신합니다.

AI는 이미 증권 기사나 스포츠 기사를 쓰고 있어요.
하지만 아직 정치 기사나 사건 기사 등
사회에 큰 영향을 미치는 기사는 쓸 수 없어요.
이건 딥러닝으로 배울 수 있는 게 아니거든요.
만약 AI가 기사 작성을 대신하는 시대가 오더라도
너무 걱정하지 말아요.
인간이 해야 하는 일은 반드시 있으니까요.

8장에서는?

윤경민 기자는 30년 동안 방송사에서 기사로, 앵커로, 특파원으로 일했어요. 현재는 기자들을 이끄는 보도국장으로 일하며 지역방송의 혁신을 꾀하고 있어요. 그 이야기를 들어보아요.

LG헬로비전 보도국장의 하루

제가 보도국장으로 있는 LG헬로비전은 지역별로 각자 다른 뉴스를 제작해 방송하는 방송국이에요. 기본적인 일은 뉴스 아이템을 선정하는 일이죠. 아침 데스크 회의 때 각 지역에서 뉴스 아이템을 발제하면 그중에서 뉴스로 내보낼 것을 거르고, 추가할 것을 지시해요. 그리고 제작 방식을 리포트로 할 것인지, 기자 출연으로 할 것인지, 전문가 출연이나 인터뷰 구성으로 할 것인지, VCR 구성으로 할 것인지 등을 정하죠. 이것이 하루의 가장 중요한 일과라 할 수 있어요.

기사를 기획하고 돌발적으로 재난이 발생했을 때 재난방송을 총괄 지휘하고 재난방송 시스템과 전국 공통특집 방송 시스템을 구축하는 일도 저의 일이죠. 그리고 여유가 있을 때 지역 미디어국을 순회하며 기자들을 격려하는 것도 저의 임무이고요. 평소 애로사항도 듣고 우리가, 우리 사회가 나아가야 할 방향에 대해 진지하게 이야기를 나누는 것도 저의 중요한 역할 중 하나랍니다.

지역방송 기자는 지역에서 발생하는 일을 취재해 보도해요

　전국에 방송되는 방송사나 발행되는 신문을 중앙 매체 또는 전국 매체라고 해요. 특정 지역에만 방송되거나 발행되는 매체를 지역 매체라 부르죠. 제가 일했던 YTN과 채널A는 전국 매체였고, 지금 일하는 LG헬로비전은 지역 매체예요. 지역방송 기자들은 지역에서 발생하는 일을 취재해 보도하는 것이 업무이고요.

　예를 들어 진주에서 조현병 환자가 자신의 아파트에 불을 지르고 대피하는 주민들을 무차별 살해한 사건(2019년 4월)이 발생하면 지역에서는 큰 뉴스로 다뤄져요. 물론 이 정도 대형 뉴스면 다른 방송사에서도 다루지만 지역방송에서는 더 크게 보도하고 관련 기획 시리즈 보도도 하게 되죠. 왜냐하면 지역사회 주민들의 안전에 직접적인 영향을 미치기 때문이에요. 그래서 지역에서 발생하는 사건 사고가 기본 뉴스가 돼요. 건물 화재나 산불도 마찬가지고요.

갑자기 재난이 발생했을 때 지역 주민의 안전을 위해 최선을 다하는 지역 방송 기자들!

재난방송은 지역방송이 더 잘해요

　전국 방송은 국지적 재난, 특히 피해가 그다지 크지 않은 국지적 소형 재난은 잘 다루지 않아요. 다루더라도 뉴스에 리포트 한 꼭지 정도로 매우 간단하게 다루죠. 전국 뉴스로 볼 때 그리 뉴스 가치가 높지 않다고 판단하기 때문이죠. 하지만 지역방송 입장에서는 지역의 국지적 재난이 지역 주민들에게는 큰 뉴스가 된다고 판단하기 때문에 적극적으로 다뤄요. 지역 주민의 안전과 생명, 재산 보호를 위한 노력이죠. 피해가 없다고 해도 혹시 일어날지 모를 피해를 예방하기 위해 전국 방송에 비해 적극적으로 재난보도를 하는 거예요. LG헬로비전 지역채널은 호우 경보가 내려질 경우에는 곧바로 특보를 하도록 매뉴얼을 만들어 놓았어요.

지역방송은 지역에서 발생하는 사건 사고를
기본 뉴스로 전하고 있어요.
중앙 매체에서 다루는 것보다 더 크게 보도하고
관련 기획 시리즈를 만들어 보도해요.
지역 주민의 안전과 생명, 재산 보호를 위한
지역방송의 노력이죠.

재난 주관방송사를 이긴 지역방송의 힘

    2019년 4월 4일 이야기예요. 그날 오후 강원도 인제에서 먼저 산불이 났어요. 불이 난 건 오후 2시 50분이었고, 20분 후인 3시 10분에 CJ헬로(LG헬로비전의 당시 회사 이름) 강원, 영서, 영동 방송에 '강원도 인제군 님면 산불 발생'이라는 속보자막을 내보냈죠. 당시 건조경보가 며칠째 이어졌던 터였고 동해안 지역에는 강풍 경보까지 발령된 상황이었기 때문에 예사롭지 않았어요. 그래서 오후 4시 50분부터 특보를 시작했어요. 기자들을 현장에 내보내 인제 산불 특보를 몇 차례 방송했는데, 이번에는 영동지역인 강원도 고성에서 저녁 7시 30분쯤 산불이 났다는 보고가 왔어요. 전신주 변압기가 폭발해 불꽃이 산불로 번졌다는 보고였어요(나중에 변압기 폭발이 아니라 스파크로 드러났어요). 그래서 이거야말로 심상치 않다고 판단해 곧바로 고성 쪽에 추가로 취재진을 투입해 특보를 했어요. 현장에서 보내오는 보고와 화면을 보니 매우 심각한 상황이란 걸 직감했죠. 불씨 정도가 아니라 아예 불기둥이 날아다니며 무서운 기세로 산을 불태우고 있었고, 속초 시내로까지 번질

위험이 큰 상황이었거든요.

그래서 전국의 기자들과 카메라 기자, PD, 온라인 콘텐츠팀, 다큐 제작팀까지 총동원해 현장에 급파해서 밤새도록 특보를 이어갔어요. 주민들 신속히 대피하라고 하고 다음 날 불이 어느 정도 꺼지고 난 이후 잿더미가 돼버린 현장과 몸만 빠져나온 피해 주민들의 대피소 상황을 전국에 생생하게 알렸죠. 저는 산불 발생 당일 밤 국가재난급 강원 산불로 규정하고 자막에 반영했어요. 그랬더니 정부가 그 다음 날 국가재난을 선포했지요. LG헬로비전 지역채널은 46시간 연속 재난방송으로 큰 주목을 받았어요. 반면에 재난 주관 방송사인 KBS는 당일 늦장 대응으로 비판을 받았죠.

저뿐 아니라 시뻘건 불기둥의 공포와 매캐한 연기를 마셔가며 현장에서 뛰어준 현장 취재팀 후배 기자들, 그리고 부조정실과 스튜디오에서 애써준 모든 지역채널 구성원들이 힘은 들었지만 매우 큰 보람을 느꼈던 방송으로 기억해요.

솔루션 저널리즘을 추구해요

　지역방송 기자들은 지역사회를 좀 더 살기 좋은 세상으로 바꿔나가고 싶은 희망을 갖고 있어요. 어두운 면을 외면하지 않고 파헤쳐 힘없고 가난한 이들의 삶을 조명해 그들이 이웃과 행정당국의 도움을 받을 수 있도록 하는 일, 또 지역사회에서 발생하는 여러 가지 갈등과 문제점을 발굴해 해결책을 마련하도록 하는 일 등이죠. 이렇게 문제 해결을 위한 보도를 '솔루션 저널리즘'이라고 표현해요.

　예를 들어볼게요. 2018년 5월 경기도 양주시 주택가에서 LP가스가 폭발해 2명이 사망하고 주택 여러 채가 크게 붕괴됐어요. LP가스를 폭발시켜 자살한 것으로 추정되는 이 사건으로 피해를 본 주민들은 아무 보상을 받지 못하는 상황이었어요. CJ헬로(현재의 LG헬로비전비전) 나라방송의 기자는 피해 주민들을 취재해 여러 차례 보도를 했죠. 결국 양주시는 이 사건을 '사회적 재난 피해에 대한 보상 지원 조례'를 근거로 보상해주기로 했어요. 솔루션 저널리즘이 실제 작동한 사례예요.

이처럼 지역방송은 지역 주민들의 눈과 귀가 되어주는 역할을 한다고 저는 자부해요.

지역채널의 성장과 발전을 함께 했어요

　제가 CJ헬로(현 LG헬로비전)에 합류했던 때는 2017년 7월이었어요. 당시 CJ헬로의 평균 채널 순위는 35~40위였는데 6개월 만에 22위, 1년 6개월 만에 13위로 껑충 뛰어올랐어요. 지상파 4사와 종편 4사, 보노 채널 2사, 그리고 tvN과 일부 채널을 제외하고 상위권에 오른 것이죠. 약 2백 개나 되는 채널 중에 무려 13위까지 오른 것은 기적과 같은 일이에요. 뉴스 시청률도 평균 0.1%가 채 되지 않았던 것이 0.5%로 올랐고요.

　단기간에 성과를 낼 수 있었던 이유는 기자들이 추구해야 할 방향을 정하고 그에 걸맞은 혁신적 방송을 했기 때문이에요. 혁신하기 위해서 첫 번째로 한 일은 지역채널 뉴스가 지향해야 할 방향을 설정하는 것이었어요. 지방자치단체 홍보성 위주의 뉴스에서 지자체의 정책이 제대로 이행되고 있는지, 세금은 제대로 쓰고 있는지 점검하는 뉴스를 많이 다루도록 했죠. 또 지역의 문제와 갈등의 원인을 파헤쳐 대안을 제시하는 방향으로 뉴스를 구성했어요.

두 번째는 취재 기자들과 카메라 기자들의 역량 강화를 위해 체계적인 교육을 강화했어요. 외부 강사 초청 교육, 내부 데스크 강화, 영상고문 영입을 통한 카메라 기자 교육을 지속했죠. 글과 그림, 구성이 달라지니 뉴스의 질이 향상되기 시작했어요.

세 번째는 마인드를 바꾸는 데 힘을 쏟았어요. 기자는 세상을 바꾸는 사람들이라고, 지역사회를 올바른 방향으로 바꾸는 사람들이라고 강조했죠. 우리가 지역 주민들의 생명과 재산을 보호하는 안전지킴이 역할을 해야 하고, 지역 경제를 활성화하는 데 도움을 줘야 하고, 지역 간 정보 격차를 해소하는 데 앞장서야 하고, 지역 문화 계승 보존을 위해 도와야 하고, 풀뿌리 민주주의 발전에 기여해야 한다는 점을 늘 강조했어요.

처음엔 거부감도 크고 저항도 있었지만, 시간이 흐르면서 저의 노력은 헛되지 않았어요. 이제는 젊은 기자들을 중심으로 우리가 해야 하는 일이 무엇인지 깨닫기 시작했어요. 물론 아직도 갈 길이 멀지만요. 이런 과정을 거치면서 이제 지역에서 알아주는 방송으로 우뚝 설 수 있게 됐답니다.

9장에서는?

앞에서 하지 못한 이야기, 궁금한 이야기를 10개의 질문으로 모아봤어요. 보도국 현장의 분위기부터 단독기사를 낼 때 조심할 점은 무엇인지, 방송에서 실수한 경험은 있는지, 뉴스 보도에 문제가 있을 때는 어떻게 하는지 등도 솔직하게 답해 주신대요.

방송사 보도국 현장은 어떤 분위기인가요?

크고 작은 사건 사고에다 정부 정책 발표, 안보와 직결된 사안 등, 매일 같이 쏟아져 나오는 기사의 양은 많고 기사를 마감해야 하는 시간 등으로 보도국은 매일 시끌벅적해요. 모두 초긴장한 상태에서 일을 하기 때문에 방송사 보도국과 신문사 편집국은 왁자지껄 큰 소리도 나고 싸움 아닌 싸움이 벌어지기도 하고요. 마치 전쟁터 같죠. 그래서 보도국에는 질서가 필요해요. 예전에는 선배들이 후배들에게 위압감을 주며 질서를 잡았지만 요즘은 그렇지 않아요. 언론사의 조직 문화에 따라 나름의 질서가 있어요. 신입 기자라면 정신 바짝 차리고 회사의 질서를 몸에 익히고 실천해야 하고요.

한 가지 팩트로 한 시간 이상 방송을 진행한 경우도 있나요?

    2011년 12월 19일 낮 12시 북한의 조선중앙TV가 김정일 당시 국방위원장의 사망 사실을 발표했어요. 사실 실제 사망한 것은 이틀 전인 17일이었는데, 공식 발표를 이틀 후인 19일에 한 거죠. 당시 저는 채널A 국제부장으로 있으면서 12시 10분에 시작하는 낮 뉴스 앵커를 맡고 있었어요. 채널A는 당시 개국한 지 한 달도 안 되는 신생 방송사였는데 엄청난 뉴스가 터진 거예요. 팩트는 단 한 가지, '김정일 북한 국방위원장 사망'이었는데, 이 팩트로 한 시간 이상 특보를 이어가야 했어요.

    첫 특보 방송을 맡은 저로서는 긴장하지 않을 수 없었지만 한 시간 이상을 무리 없이 끌고 갈 수 있었어요. 북한 조선중앙TV의 보도 내용을 이야기하고, 우리 군에는 비상 경계령이 내려질 것이고, 이명박 대통령이 주재하는 NSC, 국가안전보장회의가 소집될 것으로 보인다고 이야기를 풀어나갔죠. 그렇게 한 십 몇 분이 지나고 북한 취재만

15년을 했던 동아일보 신석호 기자가 들어왔을 때 안도했어요. 그때부터 저는 신석호 기자에게 질문을 쏟아냈고 북한학 박사인 신석호 기자는 지식과 경험을 쏟아내며 답변을 했죠.

제가 이렇게 비교적 순탄하게 방송을 할 수 있었던 것은 그 전에 통일부와 외교부를 담당하는 기자 생활을 상당 기간 했었기 때문이었어요. 2008년 9월 대북지원 민간단체와 함께 북한을 방문해 평양과 백두산에 갔었고, 그전에 금강산에서 열린 남북 이산가족 상봉 행사만 3차례 취재한 경험도 있었고요. 아무튼 신생 방송사였음에도 특보 초기에 우왕좌왕하지 않고 잘 대응했다는 자부심을 갖고 있어요.

단독기사를 보도할 때 조심할 것이 있나요?

　단독기사를 낼 때는 취재원의 신분이 드러나지 않도록 하는 문제를 생각해야 해요. 2010년 1월 26일 YTN을 통해 에티오피아 북한 대사관 직원이 한국으로 망명한 사건을 제가 단독으로 보도했어요. 그 기사가 나간 뒤 여러 언론사가 받아쓰는 등 파급력을 발휘했지만, 그 사실을 알려준 당사자는 국정원 조사를 받은 뒤 좌천당하고 말았어요. 국가기밀에 해당하는 사실을 언론에 누설했다는 것이 '죄목'이었어요. 개인적으로 매우 가슴 아픈 기사예요. 취재원과 저의 신뢰 관계가 무너지게 되었고 관계도 소원해졌죠. 지금도 미안한 마음을 가지고 있어요.

시간이 지난 후에 기사화되는 사건도 있나요?

QUESTION 04

취재원에게 들은 이야기를 3년 동안 묵혀 두었던 기사도 있어요. 2009년 12월 당시 일본 집권 민주당의 간사장이었던 오자와 씨가 청와대에서 이명박 대통령을 만났을 때 "내가 총리가 되면 독도 영유권을 포기하겠다"고 말한 적이 있어요. 당시에 일본의 노다 총리는 독도가 의심할 여지 없이 일본 고유의 영토라고 주장하고 있었는데 정반대의 발언이었기 때문에 주목을 받을만한 일이었죠.

그런데 2009년 12월에 바로 기사화하지 않은 이유는 당시 취재원이 원하지 않았기 때문이에요. 오자와 이치로 전 일본 민주당 대표가 청와대를 방문해 이명박 대통령을 만났던 사실을 아는 사람은 거의 없었어요. 비공식 회동이었거든요. 게다가 그 자리에 있었던 사람은 양측의 통역사를 포함해 단 몇 명에 불과했어요. 당시에 기사를 썼다면 취재원이 드러날 수밖에 없었죠. 욕심이 났지만 그 취재원과 신뢰관계를 깨고 싶지 않았기 때문에 기사를 쓰지 않고 묵혀 두었죠.

2012년 8월에 이명박 대통령이 독도를 방문하자 한일관계가 급속도로 얼어붙었어요. 그때 3년 전 이야기가 생각나서 취재원에게 지금이 아니면 그때 오고 간 이야기는 영원히 세상에 나올 수 없을지 모른다고 설득했죠. 그래서 채널A 저녁 메인뉴스와 다음 날 동아일보 2면에 기사가 실리게 됐어요. 그 기사는 일본 내부에서 큰 파문이 일고 오자와 전 대표와 한국 대표 모두 그런 사실이 없었다고 부인했어요. 당연한 거였죠. 하지만 그 기사로 인해 일본의 정권을 누가 잡느냐에 따라 독도를 둘러싼 한일 갈등이 해법을 찾을 수 있을 거라는 시사점을 던져준 기사였다고 저는 지금도 자부하고 있어요.

톱뉴스가 될 것 같은 예감이 오는 사건이 있나요?

QUESTION 05

    2010년 3월 26일 밤 9시 22분에 대한민국 해군 초계함 천안함이 침몰했어요. 그날 야근을 하고 있던 저는 다른 방송사들의 뉴스를 모니터하고 있는 중이었는데요. 화면에 갑자기 큼지막한 글씨로 '해군 초계함 침몰 중'이라는 속보 자막이 나가는 거예요. 순간 우리가 놓친 사건인 줄 알고 놀랐는데, 제가 일하던 YTN 뉴스에 나가고 있었어요.

    사회부 김문경 기자가 해군 내부의 한 관계자로부터 제보를 받고 전화 연결로 천안함이 침몰 중인 상황을 뉴스로 내보냈던 거예요. 그 사건을 제보한 사람을 신뢰할 수 있었기 때문에 크로스체크(이중으로 확인)로 시간을 낭비하지 않았어요. 상황을 확인한 저는 곧바로 사회부로 뛰어가 후배 기자들에게 천안함 침몰 기사 취재에 집중하자고 외쳤죠. 밤사이 해당 뉴스는 빅뉴스로 다뤄졌고 천안함 선체 인양까지 수개월간 톱뉴스를 장식했죠. 이 기사를 처음 낸 김문경 기자는 2010년 한국기자협회 대상 등 특종상을 휩쓸었답니다.

도쿄 특파원으로 있을 때부터 친분을 쌓았던 일본 친구들과 한국 기자들과 즐거운 만남~

뉴스 방송에서 실수한 경험이 있다면?

　채널A 국제부장으로 있었을 때 일이에요. 2013년 7월 아시아나항공 여객기가 샌프란시스코에서 착륙하다 사고가 났어요. 그날이 일요일이라 집에서 연락을 받고 특보 방송을 하기 위해 부랴부랴 스튜디오로 갔죠. 두 번째 특보를 하는 도중에 사망자가 2명 발생한 것으로 확인됐다는 속보가 들어왔어요. 저는 사고 여객기가 인천에서 출발해 샌프란시스코에 도착했기 때문에 당연히 승객 대부분이 한국인인 것으로 생각했어요. 얼마 안 있어서 '사망자는 중국인'이라는 추가 속보가 들어왔어요. 그래서 저도 모르게 그만 "사망자는 중국인이라는 소식이 들어왔습니다. 뭐 우리 입장에서는 다행이라고 할 수 있겠죠."라고 말했는데 이게 화근이었어요.

　일부 인터넷 매체가 제가 "중국인이 죽어서 천만다행"이라고 말했다고 보도했고, 이를 검증 없이 많은 매체가 받아쓰면서 중국인들을 자극했던 거죠. 저는 당시 변명조차 하지 않았어요. 어차피 처음 한 말도

잘한 말은 아니었거든요. 나중에 만난 YTN 선배 앵커는 YTN도 당시 저와 비슷한 표현을 했는데, 저만 표적이 돼서 사냥감처럼 비난받았다며 안타까웠다고 하더군요.

어쨌든 그렇게 저는 호된 비판과 비난을 받고서 방송에서 말 한마디가 얼마나 중요한가를 깨달았어요. 당시 19년 차 기자였는데, 방송에서 신중하지 못한 말이 얼마나 무서운지 비로소 느꼈던 거죠. 그때 정신적 고통이 꽤 심각해서 회복되는 데 1년 넘는 시간이 걸렸어요. 이후로는 침묵으로 인한 방송사고보다 신중하지 못한 멘트로 인한 사고가 더 심각하다는 점을 인식하고 말조심하려고 애쓰고 있어요.

뉴스 보도에 문제가 생겼을 때 책임은 누가 지나요?

QUESTION 07

　뉴스 보도에 심각한 문제가 있었다면 최종 책임자인 보도국장이 책임을 져야 할 때도 있어요. 실제로 한 보도전문채널의 경우 한미정상회담 관련 뉴스를 전하면서 뒷배경에 문재인 대통령 뒤에 태극기 대신 북한의 인공기를 넣은 뉴스가 방송된 적이 있는데 책임은 보도국장이 졌어요. 한 나라의 대통령을, 그것도 분단국가인 한국의 대통령 뒤에 태극기 대신 북한의 국기를 넣었으니 난리가 난 거죠. PD나 부조정실 스태프 중에 누군가는 그걸 사전에 알아차리고 뺐어야 하는 건데, 그대로 방송이 나간 것은 결국 보도국장의 불명예 퇴진으로 이어지고 말았어요. 이렇게 국민의 관심이 높은 뉴스 보도의 경우 사진이나 자막의 실수도 보도국장의 책임이 된답니다.

세상을 정의롭게 만들겠다는 사명감과
세상을 바꾸는 사람이라는 자부심으로 일하는 기자!

뉴스가 보도되고 기사가 인쇄되면
기사에 대한 책임감도 따르죠.
작은 실수가 때론 큰 책임을 불러올 수도 있으니
언제나 신중한 자세를 잃지 않도록 노력해요.

QUESTION 08
기억에 남는 취재 현장이 있나요?

　기자 생활 30년 동안 가장 기억에 남는 취재 현장은 2011년에 있었던 동일본 대지진이에요. 그때 저는 한국에 있었지만 일본에서 3년 근무를 한 경험이 있어서 현장에 가겠다고 자원했어요. 지진이 난 2011년 3월 11일 당일은 나리타공항과 하네다공항이 폐쇄돼 비행기 편이 없었어요. 다음 날 첫 비행기로 출발했죠. 도쿄에서 지진 피해지역인 미야기현 센다이시를 비롯한 동북지역으로 가려 했지만, 고속도로가 폐쇄되는 바람에 니가타를 거쳐 그 이튿날 새벽에야 현장에 도착할 수 있었죠.

　해안가 항구에는 자동차들이 아무렇게나 뒤엉킨 채 집들은 쓰러져 있고, 커다란 화물선이 바다가 아닌 육지 위에 덩그러니 서 있는가 하면, 버스는 마을회관 지붕에 올라가 있었어요. 북쪽으로 올라갈수록 피해는 어마어마하게 컸어요. 대피소마다 이재민들로 넘쳐났어요. 게시판에는 "나는 안전하다. 소식이 궁금하니 연락하라. 아무개를 찾는

다"라는 눈물 없이는 볼 수 없는 사연의 메모지가 죽 붙어 있었어요. 이렇게 미야기현, 이와테현을 거치며 계속해서 지진과 쓰나미가 할퀴고 간 참담한 현장을 한국 시청자들에게 알렸죠.

그리고 후쿠시마 원전 폭발로 인한 방사능 유출 사고가 발생했다는 소식, 인근 마을 주민들이 대피해 유령마을처럼 변했다는 소식, 대피령에도 가축을 돌보고 농사일을 위해 집안에 머무는 주민들의 목소리도 담았고요. 동일본 대지진은 리히터 규모 9.0의 초강력 지진으로, 1900년 이후 전 세계에서 4번째로 큰 규모의 지진이었어요. 일본 역사로는 최대 규모였던 만큼 2만여 명의 목숨을 앗아갔고 33만여 명의 삶의 터전을 송두리째 빼앗아 갔어요.

특히 원전 폭발로 인한 방사능 유출, 그로 인한 해양과 토양의 오염은 지금까지 해결하지 못하고 있어요. 그런 엄청난 대재앙의 현장에서 여진의 공포와 싸우며 승용차 안에서 쪽잠을 자고, 길에서 밥을 해 먹거나 마음씨 좋은 현지 주민 집에서 밥을 얻어먹으며 취재했던 기억이 지금도 생생해요. 이 정도로 큰 재난 현장에서 취재를 한 기자는 우리나라에 그렇게 많지는 않을 거예요.

기자의 연봉은 얼마인가요?

QUESTION 09

연봉은 일반 직장인과 비슷하다고 보면 돼요. 일반적으로 회사원들이 대기업이냐, 중견기업이냐, 중소기업이냐, 공기업이냐, 공무원이냐에 따라 다르듯이 기자들도 소속 언론사가 어디냐에 따라 달라요. 지상파 방송사와 주요 신문사는 대기업 평균 임금과 비슷하거나 조금 못 미치는 정도예요.

월급 많이 받아서 부자가 되고 싶다면 기자 직업을 선택하지 않는 게 좋아요. 기자는 사명감으로 일하는 사람들이니까요. 앞에 말한 것처럼 기자는 세상을 바꾸는 사람이라는 자부심으로 말이죠. 그렇다고 월급이 형편없이 적은 것은 아니니 그리 걱정할 필요는 없어요.^^

다른 분야로 진출이 가능한가요?

QUESTION 10

그렇게 흔한 일은 아니지만 기자가 현장에서 취재를 하다가 다른 분야로 직종을 바꾸는 경우가 가끔 있어요. 대표적으로 정치계나 경제계, 학계, 문화계로 옮기는 사례가 있죠. 기자에서 정치인으로 활동무대를 넓힌 사람들은 방송기자 출신으로 메인뉴스 앵커를 했던 사람이 많아요. 아마도 TV 뉴스를 통해 국민에게 얼굴을 알려서 선거에 유리하게 작용한 것이겠죠. 이 밖에도 기자에서 대기업 홍보담당 임원이 된 분도 있고, 대학교수가 된 기자들도 많아요.

그리고 중앙일보 기자였다가 법조계로 옮긴 양지열 변호사, 한겨레신문 기자였던 이원재 랩2050 대표, 매일경제신문 기자에서 경제평론가 겸 칼럼니스트로 활동 무대를 바꾼 정철진 씨도 있는데요. 이 세 사람은 기자 시절처럼 세상을 바꾸고 싶다는 생각엔 여전히 변함이 없어요. 그래서 기자라는 직업을 어린이와 청소년에게 추천하더군요.

사진기자

뉴스는 취재기자들만 만드는 게 아니에요. 신문에는 기사와 함께 사진이 실리죠. 사진을 촬영하는 사진기자가 따로 활동하면서 취재 현장에서 찍은 사진을 신문에 올려요. 이걸 보도 사진이라고 해요. 보도 사진은 사람들의 마음을 움직이는 큰 힘을 발휘해요. 1973년 퓰리처상을 받은 사진은 베트남 전쟁의 참상을 알린 것으로 유명해요. 이 사진 한 장이 미국의 반전운동을 거세게 만들었고 결국 전쟁은 막을 내리게 됐어요.

1973년 퓰리처상 수상작

카메라 기자

방송과 TV 뉴스는 영상을 기본으로 이뤄지기 때문에 취재기자 외에 카메라 기자가 있어야 해요. 어떤 뉴스의 소재가 되는 현장 상황을 카메라로 촬영해야 방송을 할 수 있기 때문이죠. 국회에서 벌어지는 몸싸움, 고함지르는 장면, 대통령이 외국 정상과 만나서 하는 정상회담, 문재인 대통령과 김정은 북한 국무위원장의 역사적 판문점 회담, 삼풍백화점 붕괴, 성수대교 붕괴, 세월호 침몰 참사, 2002 한일월드컵 4강 신화 등 정치에서부터 사회, 스포츠 분야 등 각 분야의 모든 대형 뉴스는 현장의 생생한 모습이 시청자들에게 전달돼 안타까움, 분노, 슬픔, 기쁨, 환희를 느끼게 해 주죠.

 # 영상편집자와 CG 제작자

취재 기자와 카메라 기자가 취재한 것을 뉴스에 내보내기 위해서는 기본적으로 리포트라는 것을 만들어야 해요. 리포트는 기자의 목소리에 관련 영상이 합쳐져 있고, 관계자의 인터뷰가 중간에 들어가고 기자의 현장 모습이 담긴 편집물을 말해요. 앵커가 "홍길동 기자의 보돕니다"라고 한 후에 보이는 VCR을 일컫는 거죠. 이 리포트를 만드는 사람들이 영상편집자와 CG 제작자(컴퓨터 그래픽 디자이너)예요. 영상편집자는 편집만 전문으로 하고, CG 제작자는 CG를 만들거나 통계자료를 효과적으로 보여주는 작업을 해요.

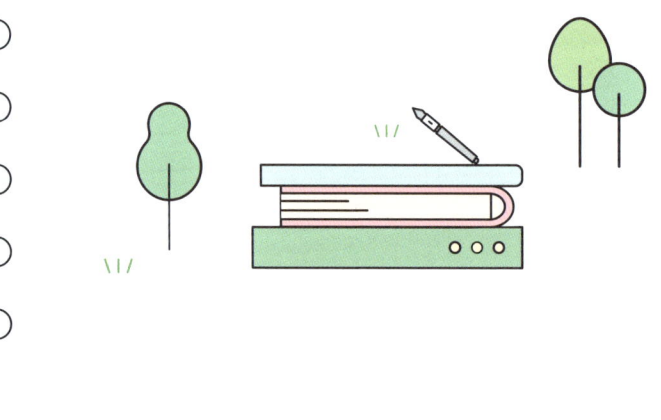

부조정실 사람들

방송국에는 스튜디오와 별도로 부조정실이 있어요. 방송을 내보내는 사람들이 일하는 곳이에요. 여기에는 스태프를 총지휘하는 PD가 있고 영상을 플레이하는 영상 담당자, 오디오 파일을 플레이하며 음량을 조절하는 오디오 담당자, 조명을 조절하는 조명 담당자, 자막을 넣고 빼는 자막 담당자, 그리고 화면을 넣고 빼는 스위처를 조작하면서 오디오, 영상, 조명 담당자 등의 스태프를 지휘하는 기술감독이 있어요.

Case 1 : 삼척 승합차 전복사고

실제로 2019년 7월 강원도에서 발생한 안타까운 교통사고를 토대로 해보겠습니다.

보도자료를 바탕으로 추가로 취재해야 하는 사항에는 어떤 것이 있는지 쓰고 추가 취재 내용을 토대로 뉴스 리포트 원고를 써보세요.

보도자료

· 강원도 삼척서 승합차 전복사고…16명 사상
· 일시 : 오늘(7월 22일) 새벽 4시
· 장소 : 삼척시 가곡면 풍곡리의 왕복 2차선 도로
· 내용 : 승합차 전복 사고로 4명 사망 12명 중경상

현장에서 취재한 내용

· 급커브 내리막길에서 가드레일 들이받고 도로 바깥쪽에 뒤집힌 채 나무에 걸쳐 있음.
· 사고차량에는 16명이 타고 있었음.
· 탑승객은 모두 쪽파 파종작업을 하러 가던 사람들로 대부분 고령자와 외국인 근로자들로 알려짐.
· 사망자 가운데는 외국인 2명도 포함됐음.
· 일부 외국인은 출동한 119 구급차가 부상자 후송 작업 도운 뒤

현장에서 사라졌음.
- 경찰은 사망한 운전자가 "브레이크가 말을 안 듣는다"고 외쳤다는 생존 탑승자들의 진술을 토대로 사고 원인을 조사 중임.

+ 추가 취재할 내용은 어떤 것이 있는지 써보세요.

뉴스 리포트

사고 발생 직후 방송된 KBS의 뉴스 리포트입니다. 자신이 쓴 내용과 비교해보세요.

〈삼척서 승합차 전복…4명 사망 · 12명 중경상〉
- 기자

네, 오늘 오전 7시 33분쯤, 삼척시 가곡면 풍곡리 한 도로에서 그레이스 승합차가 전복됐습니다. 이 사고로 승합차에 타고 있던 4명이 숨지고, 4명이 중상, 8명은 경상인 것으로 파악됐습니다. 사고 차량에는 모두 16명이 타고 있었는데, 이들은 쪽파 파종작업을 하러 가던 중으로 알려졌습니다. 또, 사상자 대부분은 노인과 외국인 근로자들인 것으로 전해졌습니다. 현재, 삼척과 태백, 강릉 등의 병원에 분산 이송됐습니다. 사고 차량은 도로 바깥쪽에 뒤집힌 상태로 나무에 걸쳐있는 상황인데요. 소방당국은 일단 이 차량이 길옆 가드레일을 들이받고 전복된 것으로 추정하고 있습니다.

또, 승합차가 12인승인 것으로 전해져, 정원을 초과했을 가능성도 제기되고 있습니다. 경찰은 현장에서 사고 수습이 마무리되는 대로 목격자 등을 상대로 정확한 사고 원인을 조사할 계획입니다.

지금까지 강릉에서 KBS 뉴스 정면구입니다.

Case 2 : 태풍 현장 중계

그럼 이번에는 태풍이 상륙한 현장에서 생중계하는 여러분의 모습을 상상해볼까요? 거친 파도가 휘몰아치고 굵고 세찬 비가 쏟아지는 바닷가에서 강한 바람을 맞으며 현장의 분위기를 전하는 기자가 되어 보세요.

현장 상황
- 거친 파도의 영향으로 해수욕장에는 피서객들이 모두 대피.
- 파라솔도 모두 접고 해수욕 금지령이 내려졌음.
- 초속 25미터를 넘는 강풍 때문에 부산 시내에서 간판이 떨어지고 가로수 일부가 쓰러졌음. 이로 인해 인명 피해가 발생했음.
- 폭우로 저지대 주택가에 침수 피해 발생했음.
- 시간당 25mm의 폭우, 현재까지 누적 강수량은 150mm, 오늘 밤까지 150mm가 더 내릴 전망.
- 부산여객터미널 여객선 운항 중단, 김해공항 여객기 운항 중단.

+ 앵커의 질문에 어떻게 답하며 현장 분위기를 전할 것인지 생각해보고, 앵커의 질문을 받은 기자의 모습을 상상하면서 뉴스를 전해보세요.

- 앵커

방금 전 태풍 프란시스코가 부산에 상륙했다는 소식입니다. 해운대에 나가 있는 취재기자 연결합니다. 홍길동 기자! 태풍의 위력 어느 정도입니까?

- 기자

_____
_____
_____
_____
_____
_____

현장 중계

- 기자

네. 제가 나와 있는 이곳 해운대에는 강풍과 세찬 비가 쏟아지고 있습니다.
태풍이 부산에 상륙하면서 파도도 높게 일고 있습니다. 현재 평균 풍속은 20m, 순간 최대 풍속은 32m까지 관측됐습니다.
제가 지금 몸을 제대로 가누기 힘들 정도로 강한 바람이 계속해서 불어오고 있습니다. 빗줄기도 점차 강해지고 있습니다. 현재 부산지역의 강수량은 시간당 25mm로 집중호우가 계속되고 있습니다.
오늘 오후부터 내린 누적 강수량은 150mm로 오늘 밤까지 150mm가 더 내릴 것으로 기상청은 내다보고 있습니다. 2시간쯤 전인 오늘 2시 30분을 기해서 해운대엔 입수금지령이 내려져 피서객들은 모두 대피한 상태입니다. 일부 안전요원들만 남아 혹시 있을지 모를 사고에 대비하고 있습니다.
해수욕장에 설치됐던 비치 파라솔 2천여 개도 모두 안전한 곳으로 치워져 있습니다. 이런 가운데 부산 시내 곳곳에서는 강풍과 폭우 피해가 잇따르고 있습니다. 남포동의 한 상가에서는 강풍을 못 견딘 대형 간판이 떨어져 행인이 머리를 다치는 사고가 발생했습니다. 또 서면 일대에서는 뿌리째 뽑힌 가로수가 넘어지며

주행 중이던 택시에 내리꽂혀 운전자와 승객 등 3명이 중상을 입고 병원에서 치료를 받고 있습니다.

침수 피해도 접수되고 있는데요, 범어동 저지대 주택가에는 하수구가 역류하면서 반지하 주택과 상가들이 물에 차 주민들이 긴급 대피했습니다.

당국은 양수기를 동원해 침수 가구에서 물을 퍼내고 있지만 쏟아지는 비와 역류하는 물의 양이 워낙 많아 제대로 물이 빠지지 않고 있습니다.

강풍과 폭우로 인해 하늘길과 바닷길도 막혔습니다.

부산여객터미널로 오가는 여객선은 모두 운항을 중단했고, 김해공항에서도 여객기 운항이 중단된 상황입니다. 이 때문에 여객터미널과 공항은 발이 묶인 승객들로 북새통을 이루고 있습니다.

앞서 전해드린 것처럼 기상청은 오늘 밤까지 150mm의 비가 더 온다고 예보한 만큼 철저한 대비가 필요한 상황입니다. 기상정보에 집중하시면서 안전에 만전을 기하시기 바랍니다.

지금까지 해운대해수욕장에서 홍길동입니다.

Case 3 : 노쇼 호날두 인터뷰

이번에는 한국 K리그 대표팀과의 경기에 출전한다고 해놓고 끝내 출전하지 않았던 호날두 선수의 이른바 '노쇼' 논란 직후 여러분이 호날두 선수를 직접 만나 인터뷰를 한다고 상상해보세요. 어떤 질문을 해야 시청자들의 궁금증을 해소할 수 있을지, 어떻게 물어야 원하는 답이 나올지 고민하고 질문을 써보세요. 물론 실제 인터뷰에서 답변에 따라 질문이 달라지기도 하겠지만요.

+ 질문 5가지를 뽑아보세요.

1

2

3

4

5

예시

1 많은 한국 팬들의 기대에도 불구하고 당일 경기에 나오지 않은 진짜 이유는 무엇인가?
2 많은 한국 팬들이 호날두 당신의 경기 장면을 보기 위해 경기를 관람했다는 사실을 짐작하지 못했는가?
3 많은 관람객이 주최사를 상대로 한 손해배상소송에 참여했다. 어떻게 받아들이는가?
4 당신은 당시 '노쇼'로 인해 많은 한국인 팬을 잃었다. 후회는 없는가?
5 한국 국민에게 한마디 한다면?

초등학생의 진로와 직업 탐색을 위한 잡프러포즈 시리즈 25
기자는 어때?

2023년 6월 28일 | 초판 1쇄

지은이 | 윤경민
펴낸이 | 유윤선
펴낸곳 | 토크쇼

편집인 | 박성은
표지 디자인 | 이희우
본문 디자인 | 스튜디오제리
마케팅 | 김민영

출판등록 2016년 7월 21일 제2019-000113호
주소 | 서울시 서초구 나루터로 69, 107호
전화 | 070-4200-0327
팩스 | 070-7966-9327
전자우편 | myys327@gmail.com
ISBN | 979-11-92842-42-4 (73190)
정가 | 13,000원

이 책의 저작권은 저자와 출판사에 있습니다.
서면에 의한 저자와 출판사의 허락 없이 책의 전부 또는
일부 내용을 사용할 수 없습니다.